아름다운 동행

아름다운 동행

초판 1쇄 인쇄 2025년 01월 02일
초판 1쇄 발행 2025년 01월 17일

신고번호 제313-2010-376호
등록번호 105-91-58839

지은이 이희경

발행처 보민출판사
발행인 김국환
기획 김선희
편집 조예슬
디자인 다인디자인

ISBN 9979-11-6957-284-2   03810

주소 경기도 파주시 해올로 11, 우미린더퍼스트@ 상가 2동 109호
전화 070-8615-7449
사이트 www.bominbook.com

- 가격은 뒤표지에 있으며, 파본은 구입하신 서점에서 교환해드립니다.
- 이 책은 저작권법에 의하여 보호를 받는 저작물이므로 무단 전재와 복사를 금합니다.

아름다운 동행

이희경 시집

서로 외로운 사람끼리 만나서
아름다운 동행을 한다면 얼마나 좋을까요

추천사

 이희경 시인의 시집 『아름다운 동행』은 삶이라는 긴 여정에서 경험하는 모든 감정과 순간들을 시인의 진솔한 언어로 기록한 깊이 있는 성찰이다. 사랑의 설렘과 이별의 아픔, 삶의 희망과 고뇌를 하나의 시적 언어로 풀어내며 독자들을 그의 이야기 속으로 초대한다. 이 시집은 단순히 읽는 것을 넘어, 함께 걸어가는 동행과 같다.

 〈제1부. 사랑하는 여인〉은 사랑이라는 감정의 시작과 끝, 그리고 그 사이에서 피어나는 다양한 이야기를 담고 있다. '짝 잃은 기러기'에서 시인은 "짝 잃은 기러기는 외로이 / 잃어버린 짝을 찾아서 / 비행 중이다"라고 표현하며 외로운 비행 중에도 짝을 찾아 헤매는 기러기의 모습은 사랑에 대한 간절한 열망을 보여준다. 이 구절은 사랑의 상실이 곧 삶의 끝이 아님을, 그 속에서도 새로운 희망과 가능성을 품고 있음을 암시한다. 독자는 이 시를 통해 사랑이 단순한 감정의 나열이 아니라 삶의 일부라는 것을 다시 한번 상기하게 될 것이다.

〈제2부. 만남과 헤어짐〉은 삶의 무상함과 그 안에서 빛나는 순간들을 탐구한다. 시인은 시 '있는 그대로'를 통해 삶을 바라보는 새로운 시각을 제안한다. "보고 느끼고 / 생각하고 행동할 때는 / 있는 그대로 보세요" 이 구절처럼 작가는 우리가 스스로 만들어낸 문제와 고통의 근원을 직시하게 한다. 그리고 삶을 있는 그대로 받아들이는 단순한 태도 속에서 평온을 찾기를 이야기한다. 이는 현대를 살아가는 많은 이들에게 복잡한 해석과 억지로 짜맞춘 의미 대신, 과거의 상처나 미래의 불안을 내려놓고, 지금이라는 순간을 온전히 살아가는 삶의 중요성을 말하고 있다. 시인의 언어는 간결하지만 그 안에 담긴 메시지는 무겁고도 깊다.

마지막 〈제3부. 당신은 나의 운명〉은 사랑의 궁극적인 의미와 그로 인한 행복을 노래한다. 시 '아름다운 동행'은 사랑과 삶을 함께하는 진정한 관계를 이야기한다. "서로 외로운 사람끼리 만나서 / 아름다운 동행을 한다면 / 얼마나 좋을까요?"라는 권유로 단순히 사랑에 관한 이야기를 넘어, 인생의 동반자에 대한 깊은 고찰로 이어진다. 여기에서 동행이란 단순히 같은 길을 걷는 것이 아니라, 서로의 삶을 온전히 받아들이고 사랑을 통해 삶의 의미를 확장해 나가는 여정을 의미한다.

  시인의 시는 단순히 감정을 나열하지 않는다. 그의 언어는 날카롭지만 부드럽고, 솔직하면서도 따뜻하다. 시집 전체를 관통하는 감정은 사랑과 상실, 만남과 이별의 반복 속에서 빛나는 희망이다. 시인은 우리가 삶 속에서 잃어버린 것들에 대해 슬퍼하는 동시에, 그것을 다시 되찾고 앞으로 나아갈 용기를 제시한다. 그래서 이희경 시인의 『아름다운 동행』은 독특하다. 시인은 누구나 공감할 수 있는 주제를 다루면서도 자신의 언어로 재구성하여 독자들에게 새로운 감각을 선사한다. 그의 시는 때로는 독자의 가슴을 저미게 하고, 때로는 마음을 따뜻하게 어루만지며, 삶을 바라보는 시각을 넓혀준다. 그리고 자신만의 동행을 기다리는 이들에게 따뜻한 위로와 새로운 시작을 약속하는 시집이다. 이 작품을 통해 독자는 자신의 삶 속에서 진정한 사랑과 동행을 발견할 수 있을 것이다.

2024년 12월
편집위원 **김선희**

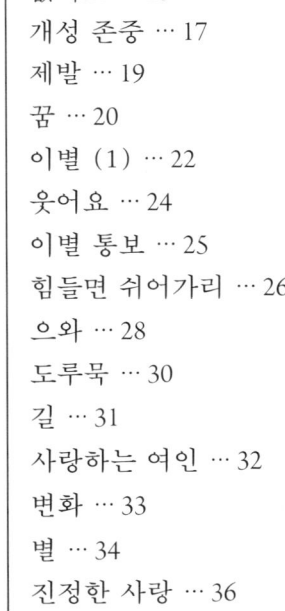

목차

추천사 … 4

제1부
사랑하는 여인

여자 … 12
짝 잃은 기러기 … 13
없어요 … 15
개성 존중 … 17
제발 … 19
꿈 … 20
이별 (1) … 22
웃어요 … 24
이별 통보 … 25
힘들면 쉬어가리 … 26
으와 … 28
도루묵 … 30
길 … 31
사랑하는 여인 … 32
변화 … 33
별 … 34
진정한 사랑 … 36
아쉬움 … 37

첫인상 … 38
인생에 리허설 … 40

제2부
만남과 헤어짐

동행 … 44
당신 (1) … 45
빗소리 … 46
추억 … 47
집착 … 48
여행 … 49
인생 미답 … 50
있는 그대로 … 52
기다림 … 54
만남과 헤어짐 … 56
인생시계 … 57
정리 … 59
고마운 당신 … 61
등대 … 62
한번 해보세요 … 63
슬픈 기억 … 64
태풍 … 65
님 … 66
미소 (1) … 67
남자답게 사세요 … 68

제3부
당신은 나의 운명

아름다운 동행 … 70
감사 … 71
당신은 나의 운명 … 72
여명 … 73
이별 (2) … 74
천상재회 … 76
힘들게 살면 … 77
봄 … 78
당신 (2) … 79
가장 소중한 것 … 80
이별 (3) … 82
다시 시작 … 83
연리지 … 84
변화 … 85
미소 (2) … 86
당신 (3) … 87
걱정하지 마세요 … 89
가까운 길 … 91
목표 … 92
떠나가시는 님 … 93
힘겹게 살아온 인생 … 94
고마운 사람 … 96
쇠창살 … 98
나 혼자 산다 … 100

사랑하는 여인

∶

사랑하는 여인과 평생 동행하면서
사랑으로 가꾸어 나가고 싶습니다

여자

내가 좋아하는 여자보다
나를 사랑하는 여자하고
함께 살고 싶습니다

내가 좋아하는 여자는
눈도 높고
나를 남자로 보지 않습니다

나를 사랑하는 여자는
나를 위해서 삶을 윤택하고
행복하게 만들 것입니다

언제쯤 저를 사랑하는
연인을 만날까요?

짝 잃은 기러기

바람이 소리 없이
흐르는데
짝 잃은 기러기는 외로이
잃어버린 짝을 찾아서
비행 중이다

바람이 소리 없이
흘러가는데
교도소 장벽에 부딪혀서
민들레 홀씨만 날리운다

민들레 홀씨는
창살 넘어
감방으로 들어와서
내려앉는다

짝 잃은 기러기는
오늘도 오직
잃은 짝을
찾아 헤매인다

없어요

세상살이에
커다란 욕심이 없어요
많은 것을 기대하지 않고
가진 것을 소중히 여겨서 행복하죠

살다 보면
슬픈 마음도 생기지만
항상 받아들일 준비가 되어 있어
슬픔이 없어요

아무리 미인이라도
내 여인이 아니면
아무런 욕정이 없어요

저에게는 있는 것보다
없는 것이 너무나 많아

욕심이 없어요

그러나 그대를
사랑하는 마음은
너무너무 넘쳐흐르죠

개성 존중

나와 상대방은
당연히 다르다

상대방을 나에게
맞추려는 것은
위험한 생각이다

서로 다른 상대방을
이해하고
개성을 존중하면
보다 넓은 시야로 살 수 있고

이해심도 자비도
너그러운 관용도
용서도
할 수 있다

우선 있는 그대로를
존중해보자

그럼 아마도 마찰이나
싸움은 없어진다

제발

자신이 힘든 것은
제발 좀 버리고
좋은 일만 생각하기에도
짧은 인생입니다

제발 지금부터
자신을 아끼면서 사랑해주면서
힘들면 자신을 토닥토닥 달래주세요

힘든 일이 자신의 힘으로
해결되지 않으면
하느님에게 절실히 기도하세요

제발 짧은 인생
아름답게 행복하게
살아보세요

꿈

당신은 어떤 꿈을
꾸고 계십니까?

꿈을 이루기 위해서는
고뇌와 시련이 밀려오죠

그 어두운 장막을 거두어 내면
그토록 원했던 꿈이 실현되죠

꿈을 꾸고
그것을 이루기 위한
무단한 노력이
당신을 더 강한 사람으로 만들죠

당신의 내면에 있는
커다란 힘을 믿으세요

항상 꿈을 향해서
달려가는 것은
커다란 행복입니다

이별 (1)

헤어지고 나는
어떻게 사는지 모르겠어
정말 미치겠어

슬픔을 잊기 위해서
이슬도 마시지만
깨면 아쉬움이 밀려옵니다

당신을 보내지 말아야 했어
이렇게 힘들지 몰랐어

미소와 몸짓이
내 마음에 아직도
아늘아늘해

정신을 차리면 힘들고

잠도 오지 않고
당신 생각뿐이지

누가 이별은
성숙하게 만든다고 했습니까?
오늘도 오직 당신뿐입니다

웃어요

만사가 자신 뜻대로
되지 않는다고 찡그리면
모든 일이 꼬이게 됩니다

일단 웃어요
그럼 찡그렸던 마음이 변해서
만사형통입니다

일단 웃어요
찡그린 모습은
다른 사람에게도 전달되어
좋지 않은 기분이 됩니다

일단 웃어요
그럼 다른 분도 당신에게
미소를 보내죠

이별 통보

그토록 당신만을 사랑했는데
이별 통보가 웬말입니까?

저의 마음은 오직 당신뿐인데
떠나시면 저는 어떻게 살아가야 할지
전혀 모르겠습니다

이별을 통보하신
당신이 돌아오지 않을걸
알고 있습니다

세상살이가 너무 공허합니다
제발 돌아와 주시면 아니 되는지요?

눈물이 주루룩 주루룩
흐릅니다

힘들면 쉬어가리

요즘 사람들은
얼마나 바쁘게 살고 있는지
무엇이든 쉬지 않고
삶을 살고 있습니다

쉬었다 가면 무엇인가
뒤처져 간다고 생각하죠

토끼와 거북이의 경기에서
승리한 것은 느리지만
꾸준히 걸어간 거북이입니다

거북이의 끈기 있는 노력이
승리를 이끌었지만
토끼처럼 힘들면
쉬어가는 것도 괜찮습니다

인생을 살다 보면
승리할 때도
때론 질 때도 있습니다

꾸준히 가서
승리한 거북이와
힘들면 쉬어가는 것은
자신이 선택해야 할 몫입니다

으와

당신의 모습만
보아도 으와

당신의 미소만
보아도 으와

당신의 윙크에
애간장 녹지

당신의 향수에
빠져들리

당신의 마음에
내가 있었으면
좋겠습니다

당신의 목소리는
풍경소리보다
잔잔하죠

당신의 눈은
어린아이의 눈이죠

도루묵

진실되고 도움이 되는 말은
마음속 깊은 곳에
간직해야 합니다

하루도 못 가서
다시 돌아가는
도루묵 인생을 살지 마세요

자신에게 도움을 주고
잘 되도록 말씀해주면
진실되게 받아들이세요

그것이 힘든 것은 알고 있습니다
지금껏 살아온 길에
전환점이 필요합니다

길

지금은 험난한 길을
걷고 있습니다

누군가
훌륭한 사람이 간 길을
저도 따라가고 싶어요

그분이 가신 길에
반딧불이 나타나서
앞길을 밝혀주십시오

험난한 길을 걷고 있으니
앞으로 올바른 길로만
가려고 합니다

사랑하는 여인

제가 사랑하는 여인은
지금 어디에 계십니까?

제발 저에게 다가와서
사랑의 속삭임을 들려주세요

사랑하는 여인이여!
저는 사랑에 굶주려 있습니다

사랑하는 여인과
평생 동행하면서 사랑으로
가꾸어 나가고 싶습니다

변화

어떤 선택을 하든
자유이지만
그 책임은 져야 합니다

지금보다
다른 삶을 원한다면
변화의 과정이 필요합니다

목표를 향해서 달려가면
그 목표를 이루게 되죠

아름다운 추억은
생각만 해도
저절로 미소가 나옵니다

별

온 세상에
별이 하나밖에 없다면
그것은 당신의 별이
온 세상을 밝게
비추고 있는 것입니다

우주에
별이 두 개라면
그것은 나랑
당신의 별입니다

나랑 당신이라는 별이
사랑이라는 밝은 빛을
비추고 있죠

삼라만상에 별이

나 너, 그리고 우리라는
별이 있다면

온 세상에
행복, 사랑, 희망이 가득한
세상입니다

진정한 사랑

그녀가 떠난 후에
비로소 나는 진정으로
사랑이라는 것을 알게 됐습니다

진정한 사랑이라는 것은
마음속 깊은 곳을
울리게 합니다

다시 저에게 진정으로
사랑할 사람이 생기면
저는 그분을 위해
한평생을 살고 싶습니다

그녀가 언제 올지는 몰라도
기다림 속에서 그녀가 오면
진정으로 사랑할 것입니다

아쉬움

이제 친밀하게 지낼 수 있는데
아쉽게도 이별입니다

아쉬움이 내 마음에 밀려오지만
또 다른 시작이기에
아쉬움을 던져 버리고
앞으로 올 설레임에 기대됩니다

언젠가는 잊혀져야 하는
우리들의 인생이자
다시 만날 수도
못 만날 수도 있습니다

다시 만날 수 있는 것에
설레임이 몰려옵니다

첫인상

한 번 만나서
좋은 첫인상도 좋지만
만나면 만날수록
좋은 사람이 되고 싶습니다

저는 당신을
사랑으로
행복으로
희망으로
평온으로
만났으면 좋겠습니다

왜 이리 보고 싶은지
소개받은 여인과
오래오래 함께
동행하고 싶습니다

당신이 얼마나
좋으신 분인지
만나고 만나면
새로운 행복을
주시는 분이십니다

인생에 리허설

만약에 타임머신이
과거로 돌아가서
새로운 인생을
살아갈 수 있다면
얼마나 좋을까요?

타임머신이 없기에
미래나 과거로
돌아갈 수 없습니다

과거에 집착하는 것은
번뇌입니다
미래를 걱정하는 것은
망각입니다
인생에는 리허설이 없습니다

이미 지난 것은
되돌아보지 않습니다
그래서 지금이라는 것이
얼마나 중요한 것인지요

지금 어떻게 살아가느냐에 따라서
앞으로 내가 원하는 것을 이루면서
행복하게 살아갈 수 있습니다

만남과 헤어짐

:
.

당신을 만난 것은 하늘의 인연이기에
만남이 아름답습니다

동행

당신과의 인연이
우리를 하나로 묶어 놓았죠

당신 얼굴을 보니
흐뭇한 미소가
저절로 나옵니다

당신의 사랑을 받으니
세상을 얻은 기분입니다

홀로인 내가
홀로인 당신을
만나서 한 쌍이 되니
동행하면서 행복합시다

당신 (1)

당신만 보면
심장이 쿵쿵거리죠

윙크는 저의 애간장을 녹이죠
몸짓은 저를 설레이게 만들죠

당신의 아름다운 마음은
모든 사람들을 사로잡습니다
당신의 애정이
모든 사람들을 사로잡습니다

아름다운 자태는
양귀비를 능가합니다

말은 어떤 감사보다 훌륭하죠
당신에게 빠져서 나올 수 없습니다

빗소리

쇠창살 너머로
봄비가 내리는데
내 마음이 왠지 서글퍼집니다

세상 밖에 있다면
파전에 막걸리 한 잔
걸죽하게 하는 날인데
쇠창살 안에 있어
밖으로 나가고 싶은
마음은 굴뚝 같습니다

쇠창살 너머로 보이는
빗소리는 아마도
서글피 우는
소쩍새의 울음소리입니다

추억

지금도 아름다운 추억을
만들어 가세요
아름다운 추억들이 모여서
당신의 삶의 질이 더욱 좋아집니다

아름다운 추억은 생각만 해도
저절로 미소가 나옵니다
아름다운 추억으로 살아간다면
얼마나 좋을까요?

당신도 아름다운 추억으로
가득 채우세요
지금도 아름다운
하루 하루를 보내면
그것이 추억이 됩니다

집착

과거는 지난 것이기 때문에
번뇌에 시달리지 마세요

현재는 지나가면
과거가 되기 때문에
집착할 필요가 없습니다

미래와 같이
오지 않은 것에
걱정하는 것은 망각입니다

하지만 어디에도
집착하지 않는 것은
어렵습니다

여행

삶이 너무나 힘들면
여행을 떠나서
새로움을 충족시키죠
여행은 삶을 재충전해 줍니다

새로운 여행지
특별한 음식
다른 사람들이
살아가는 모습도
볼 수 있죠

여행은 새로운 나를 발견하고
새로운 나를 만들어줍니다

인생 미답

수학에는
문제가 있으면
답은 분명히 있습니다

인생 미답
인생에는 답이 없다고 합니다

답이 없는 대신
최선을 다해서
살아가라고 합니다

인생 미답이라
인생에는
아름다운 답들이 있습니다

아름다운 답이

우리들을 행복하게 만듭니다

앞으로
아름다운 인생을
살아가세요

있는 그대로

보고 느끼고
생각하고 행동할 때는
있는 그대로 보세요

있는 그대로
보지 않고
어리석은 자는
판단하려고 하죠

있는 그대로 보고
먼저 이해해야
모든 것이 순조롭죠

순조롭게
쌍방향 소통을 하면
세상만사 모든 일이

술술 풀리죠

술술 하니
술 생각이 나네요
술 고파요

기다림

당신을 만나기 위해
그 많은 세월을
외롭고 쓸쓸히 보냈지만
기다림 하나로 살았습니다

막상 당신을 만나려고 하니
설레임이 가득하고
자꾸만 미소를 띠게 됩니다

저는 장점보다
단점이 많은 사람인데
당신의 마음에 들지 않으면
어떻게 하지

아마도 하늘에서 내려준
인연을 만났으면 해요

그분이 당신이길 빕니다

우리 험난한 세상을
함께 동행하면서
아름다운 행복의 길로 갑시다

만남과 헤어짐

만남도 헤어짐도
우리의 뜻이 아니고
하늘의 뜻입니다

만남은 저승에서
수많은 인연이 있어야
만날 수 있습니다

헤어짐도 언젠가는
이별해야 할
필연성이 있어야 이별하죠

만남과 헤어짐은
우리의 뜻이 아니고
하늘의 뜻입니다

인생시계

인생시계는
되돌리지 못합니다

과거에 미련을 두고 있어도
소용이 없습니다

잡을 수 없는 것이
인생시계이지요

인생시계가
얼마나 빠른지
지금도 시간이
흐르고 있습니다

이 순간에
최선을 다하는 사람이

아름답습니다

누구에게도
인생시계는 주어집니다

인생시계를
열심히 사시는 분은
훌륭한 사람입니다

인생시계
쏜살같이 흐르죠

정리

내 자신이
가지고 있는 것을
버린다는 것은
무척이나 힘든 일입니다

정리합시다
버릴 것은
과감하게 버리세요

머리가
아픈 것들은
모두 버리세요

정리합시다
부정적인 생각이 들면
모두 버리고

긍정적인 마음으로
가득 채우세요

그럼 자신에게
평온이 옵니다

고마운 당신

항상 웃음과 행복을 주는
고마운 당신입니다

외로울 때는 위로해주시는
고마운 당신

기쁠 때는 기뻐해주는
마음씨 고마운 당신

함께 이슬을 마시고
미래를 꿈꾸죠

올바른 판단으로
인도해주시어
평온합니다

등대

저는 당신의 등대가 되어
삶을 인도하고 싶습니다

바다에 등대가 있듯이
저는 반딧불이 되어
가는 길을 비추어 주고 싶습니다

아니 서로는
서로의 등대가 되어
함께 동행하면서
바램을 이루고 싶습니다

등대는 외롭지 않습니다
등대가 있기에 저를 인도하지만
저는 당신이 있기에 함께하죠

한번 해보세요

잠이 오지 않을 때
혹은 불안해지면
우선 잠을 자려는 집착을 버리세요

따뜻한 물로 샤워하시고
빨래판 혹은 지압 슬리퍼로
지압해주세요

꿀물을 마시고
복식 호흡을 하십시오
그럼 마음이 편안해지고
곧 숙면을 취할 수 있습니다

슬픈 기억

이곳에 있던 슬픈 기억은
모두 버리시고
출소하시면 새로운 분으로
탄생하세요

슬픈 기억에
미련도 추억도
가지지 마세요

이제는 이곳은
오지 말아야 할 길입니다

슬픈 기억은 잊고
이제 출소해
힘차게 새로운 길을 향해
매진하세요

태풍

하늘은 저보고
조용히 살아가라고 하시더니
요란한 천둥과 벼락
동시에 장대비를 뿌립니다

땅은 저보고
경이로움을 배우라더니
지진으로 땅이 흔들이고
모든 것을 쓸어버립니다

바다는 저보고
엄마와 같이
생각하라고 하더니
태풍 때문에 물결은
심하게 요동치면서
해일이 밀려옵니다

님

사랑했던 님이시여

지금은 멀리 떠나서
어디에 계신지요?

님이 떠난 자리에는
어떤 누구도 채울 수 없습니다

오늘도 님 생각에
힘든 하루를 보내고 있습니다

저도 님이 다시
돌아오지 않는다는 것을 알고 있죠

부디 님이시여
잘 살아가길 기도드립니다

미소 (1)

당신을 만나기 위해서
외롭게 살아온 것인지
당신을 만난 것은 하늘의 인연이기에
만남이 아름답습니다

꿈속에서 그리던 여인이
내 눈앞에 있으니
당신을 보면 왠지 미소가
저절로 나옵니다

당신과의 만남을
하염없이 기다리면서…

남자답게 사세요

남자로 태어나서
목에 칼이 들어와도
아닌 것은 아닌 것입니다

남자가 핑계와 합리화
또는 부정하거나
부인하는 행동을 하는 것은
남자가 아닙니다

남자로 태어나서
하고자 하면
죽을 때까지 하세요

남자가 이러다 저러다 하면
어떻게 남자입니까?

당신은 나의 운명

:

이 생에서 못다 한 사랑 천상에서 다시 만나서
끝없이 아름다운 사랑을 하리

아름다운 동행

마음을 맑고 아름다움으로
가득 채우고 싶습니다

당신은 참
매력적인 사람입니다

사랑하고 있는 사람과
함께 살면 더욱 행복하죠

서로 외로운 사람끼리 만나서
아름다운 동행을 한다면
얼마나 좋을까요?

아름다운 동행을 통해
서로 사랑하는 마음은
더욱더 커질 것입니다

갑사

갑사 기와지붕 처마 끝에서는
풍경소리가 내 마음을
잔잔하게 만듭니다

관세음보살님은
저의 모든 것을 애타게 여기고
불심으로 이끄시죠

불교새인 극락조 가릉빈가는
날개를 활짝 펴
자비를 베풀죠

불교 상상의 꽃인 무담바라는
삼천 년 만에 피고 지죠
그 아름다움은 끝이 없죠

당신은 나의 운명

하늘에서 내려준 당신은
나의 운명입니다

지금은 멀리 떨어져 있지만
내 마음은 보고 싶어요

손을 잡아보고 싶지만
이곳에 갇혀서 마음뿐이죠

당신은 나의 운명이자
숙명인데
왜 자꾸만 멀어지는지…

여명

해가 뜨기 전에
제일 춥고 어둡죠

여명을 보기 위해
동해안에서
해가 뜨기를 기다리는 순간
해가 지평선 위에
뜨기 시작합니다

그 화려함은 어느 것에도
비할 수가 없습니다

여명은 내 마음속에 있어
작은 소망 빌어봅니다

이별 (2)

당신과 만남은
어떤 것보다 달콤했지만
이별은 독약만큼이나
쓰디 쓰네요

사랑하다가 이별하니
내 마음이 갈기갈기
찢어지도록 아프네요

당신은
이제 돌아오지 않을
사람이라는 것이
저를 더욱 아프게 만듭니다

이별이라는 놈이
내 마음을

너무 아프게 하네요

지금도 그녀 생각이
가득하네요

남들은 세월이
약이라고 하지만
얼마나 세월이 흘러야지
그녀를 잊을 수 있을까요?

오늘도 그녀 생각에
아픈 하루를 보냈습니다

천상재회

이 생에서 사랑을 하고
사랑했지만 이루지 못한 사랑

세상은 사랑만으로는
이루어지지 않는 것이 인생이죠

서로 사랑으로 하면서
알콩달콩 살고 싶지만
이루지 못한 사랑

이 생에서 못다 한 사랑
천상에서 다시 만나서
끝없이 아름다운 사랑을 하리

힘들게 살면

항상 모든 일에
긍정적인 마음으로 살면
웃으면서 살아갈 수 있습니다

자신의 굴레에 빠져나오지 못하면
살아가는 것이 더욱 힘들죠

자신의 마음을 어떻게 가리고
어떤 행동을 하는지에 따라
미래가 달라집니다

힘들게 살면
더욱 힘든 것이 세상살이입니다

봄

봄비가 내리고
햇살이 우리를
감싸 안아준다

경칩이 지나고
개구리들은
알을 낳았다

들판에
봄나물이 나와서
아낙네는 봄나물 캐러 나왔다

봄이 오는 소리
얼음이 녹아서
냇가에 물이 흐른다

당신 (2)

당신은 아름다운 분이십니다
그래서 당신을
사랑할 수밖에 없습니다

당신의 마음을 열 수 있는
key를 만들어
열어보고 싶습니다

당신의 영혼이
맑은 호수 같아
아름다운 마음씨를 가지고 있습니다

힘들고 어려운 세상에
당신과 사랑으로
아름다운 삶을 꾸려가고 싶습니다

가장 소중한 것

활짝 핀 꽃송이
해맑은 어린아이의 눈
어머님이 아이를 사랑하는 마음
이 세 가지가
세상에서 소중한 것입니다

활짝 핀 꽃송이는 지면
아름다움이 사라지죠
해맑은 어린아이는
성장해서 어른이 되죠
오직 어머님의 사랑만이
영원합니다

어머님의 장례식에
가지 못했죠
이곳에서 가장 깊은 사랑을

떠나보낼 수밖에 없었습니다

어머님께 죄송스러운 것은
"사랑합니다"
"감사합니다"
라는 말씀조차
제대로 드리지 못한 것입니다

이별 (3)

만남이 있으면 분명히
이별도 생기기 마련입니다

아마도 이별은
새로운 만남을 위한
고통일 뿐입니다

이상하지만
만남과 이별은
떨어질 수 없는
이란성 쌍둥이입니다

이별을 슬퍼하지 마시고
새로운 만남을 즐기세요

다시 시작

다시 시작한다는 전제는
고정관념 및 모든 것을
버리는 것에서부터 시작됩니다

모든 것을 비우시면
그곳에 다시 새로운 것으로 채우세요

아마도 그럼
지금의 내가 아닌
새로운 내가 됩니다

자신의 고집, 번뇌, 망상도
강물에 던져 버리고
그곳에 행복, 사랑, 희망으로
가득 채우세요

연리지

천상에서 아름다운 사랑을 한
두 사람이 있었습니다
천사들의 시샘으로 두 사람의 사랑이 깨지고
지상으로 암수 그루로 떨어졌죠

암그루 수그루의 사랑이
지상에서도 이루어져
두 그루가 한 그루로 자라면서 사랑했죠

사랑은 어떤 것에도 깨지지 않음을
연리지를 통해서 느낍니다

연리지가 백 년
아니 수천 년 동안
아름다운 암수 한 그루가 되길…

변화

어떤 것을 선택하는 것은
자유이지만
그 책임도 져야 합니다

지금보다 다른 삶을 원한다면
변화의 과정이 필요합니다

열심히 변화하면
분명히 좋은 세상이 올 것입니다

아름다운 추억은
생각만 해도
저절로 미소가 나옵니다

미소 (2)

당신의 미소가
저를 기쁘게 해요
당신의 미소는
백만 불짜리 미소입니다

당신의 미소를 통해서
옆 사람이 미소를 짓고
다시 옆 사람도
미소를 짓게 합니다

마음이 무거울 때
당신의 미소만 봐도
저는 마음이 풀리죠

미소 짓는 사람이
아름다운 사람입니다

당신 (3)

당신을 보면 왠지
설레임이 밀려옵니다
제가 당신에게
빙그레 웃으니
당신도 저에게
미소를 주시네요

하루 하루가
사랑으로
행복이 충만합니다

인생살이를
서로 사랑하면서
행복을 추구하고 살면
얼마나 좋을까요?

고운 목소리는
마치 풍경소리입니다

착한 마음씨는
매혹에 빠지게 만들죠

걱정하지 마세요

비록 지금은
교도소 안에 있지만
아무런 걱정하지 마세요

만기가 되어
자연스럽게 출소하면
밝은 미래가
당신을 기다릴 것입니다

현재는
어둡고 답답하지만
아무런 걱정하지 마세요

평온, 희망, 사랑, 행복만을
생각해보세요
그럼 모든 걱정이 사라져요

미래에 대해서 두려워
떨지 마세요
아무런 걱정도 하지 마세요

당신의 미래는
맑은 햇살이 비추고 있습니다

가까운 길

나와 네가 함께하는
가까운 길이기에
행복합니다

나와 너는 동행하면서
희망을 찾고
행복으로 걸어갑니다

나와 너는
가까운 거리에 있기에
기쁨도 슬픔도 함께하지요

너와 나는 만남으로써
멀지 않은 가까운 길에서
사랑으로 둘도 없는 동반자죠

목표

목표를 향해서
달려가는 모습은 아름답습니다

최선을 다해서
목표를 이루고자 했는데
실패한 것은 부끄러운 것이 아닙니다

또다시 목표를 향해서
매진한다면
성장하고 성장해서
결국은 성공합니다
당신의 이런 모습은 당당해 보입니다

항상 목표를 세우고
매진하는 당신은
아름다운 사람입니다

떠나가시는 님

기약 없이 떠나가시는 님을
잡을 수는 없지만
우리는 내일이 있기에
님을 떠나보낼 수 있죠

다른 곳으로 가시더라도
항상 건강하시고
웃음 잃지 마세요

우리는 출소 이후에
만나서 진하게 건배합시다

힘겹게 살아온 인생

왜 이리
힘겹게 살아온 인생인지
아니면 모두 다
힘들게 사는 것은 아닌지…

삶을 즐기자
힘겨움마저 즐기자

과거라는 번뇌를 벗어버리고
미래라는 망각도 잊어버리고
지금을 즐겨보자

누구든지 자신의 삶을
힘겹게 생각하면
힘든 것이고
즐겁게 생각하면

즐거운 것이다

이왕이면
긍정적인 마인드로
이 어려운 세상에서
행복한 세상으로 만들어보자

고마운 사람

당신은 저에게
항상 웃음과 행복을 주시는
고마운 사람입니다

외로울 때는
언제든지 다가와서
위로해주십니다

기쁠 때는
함께 기뻐해주시기에
더욱 기쁘게 만들죠

술 한 잔이
먹고 싶을 때는
항상 함께 술을 마시면서
미래를 꿈꾸죠

마음이 불안하면
항상 올바른 판단으로
인도해주시어
평온을 느끼게 합니다

울고 싶을 때
한쪽 어깨를 빌려주시어
한없이 울게 해주시어
마음이 정화됩니다

이 세상에서 당신은
행복, 희망, 평온, 사랑을 주시는
고마운 사람입니다

쇠창살

쇠창살 안에 내가 있습니다
잠시 운동 시간 이외에는
밖으로 거의 나갈 수 없습니다

처음에는 쇠창살이 두려웠습니다
그래서 공황장애가 오는 듯했죠

마치 이곳에서
나갈 수 없구나
만기가 되어
출소만을 기다립니다

쇠창살 밖에는
벚꽃이 피고 졌지만
이곳에는 민들레가 피어서
홀씨가 날려

쇠창살 안으로
낙하산처럼 떨어지는
쇼를 보여줍니다

쇠창살에서 나가면
정말 사람답게 살고 싶습니다
그날이 오길 기원하고 기원합니다

나 혼자 산다

나 혼자 살아보니
왠지 외롭다
어느 때는 여우 같은 마누라도
토끼 같은 자식도 필요하다

홀로 자고
홀로 먹고
홀로 사니
처량해 보인다
정말로 정상적인 가정이 부럽다

지금 함께 동행하면서
인생을 행복하게 살고 싶다

정말 좋은 여인을 만나서
동고동락하면서 살고 싶다